BEI GRIN MACHT SICH IHR
WISSEN BEZAHLT

Marcus Kreysch

Geld und Währung. Lernzusammenfassung

GRIN Verlag

Bibliografische Information der Deutschen Nationalbibliothek:

Die Deutsche Bibliothek verzeichnet diese Publikation in der Deutschen National-bibliografie; detaillierte bibliografische Daten sind im Internet über http://dnb.d-nb.de/ abrufbar.

Impressum:

Copyright © 2012 GRIN Verlag GmbH
Druck und Bindung: Books on Demand GmbH, Norderstedt Germany
ISBN: 978-3-656-71537-5

Dieses Buch bei GRIN:

http://www.grin.com/de/e-book/278069/geld-und-waehrung-lernzusammenfassung

GRIN - Your knowledge has value

Der GRIN Verlag publiziert seit 1998 wissenschaftliche Arbeiten von Studenten, Hochschullehrern und anderen Akademikern als eBook und gedrucktes Buch. Die Verlagswebsite www.grin.com ist die ideale Plattform zur Veröffentlichung von Hausarbeiten, Abschlussarbeiten, wissenschaftlichen Aufsätzen, Dissertationen und Fachbüchern.

Besuchen Sie uns im Internet:

http://www.grin.com/

http://www.facebook.com/grincom

http://www.twitter.com/grin_com

Inhalt

Geld und Währung

Geldfunktionen und Konzepte:

Tauschmittel (Bargeld, Sichteinlagen), **Wertaufbewahrungsmittel** (Anlagen, Kredite, andere Vermögens-formen), **Recheneinheit** (€,$, Wechselkurse); (Bsp. EC-Karte, Sparbuchkarte = Geld; Kreditkarte, Uni-Ausweis, DING-Karte = kein Geld); Die Geldmenge steigt ca. um 0,5 bis 1,0% in Relation zum BIP

- Geldmenge **M1** besteht aus:
  - o **Bargeldumlauf** und **Sichteinlagen** (täglich fällige Einlagen)
  - o Ca. 1.100 Mrd. € in Deutschland und 4.700 Mrd. € im Euroland (2010)
- Geldmenge **M2** besteht aus:
  - o **M1**
  - o **Termineinlagen** mit vereinbarter Laufzeit bis zu 2 Jahren bei Banken
  - o **Spareinlagen** mit gesetzlicher Kündigungsfrist bis zu 3 Monaten
  - o Ca. 2.000 Mrd. € in Deutschland und 8.500 Mrd. € im Euroland (2010)
- Geldmenge **M3** besteht aus:
  - o **M2**
  - o Repogeschäfte („echte Wertpapiergeschäfte")
  - o **Schuldverschreibungen** mit einer Laufzeit bis zu 2 Jahre
  - o Geldmarktpapiere und Anteile an Geldmarktfonds
  - o Ca. 2.100 Mrd. € in Deutschland und 9.700 Mrd. € im Euroland (2010)
- „Geldmenge M4" besteht aus:
  - o **M3**
  - o Geldkapital
  - o Ca. 4.100 Mrd. € in Deutschland und 17.200 Mrd. € im Euroland (2010

Wie entsteht Geld?

ZB ↔ Geschäftsbanken → Nicht-Banken (Haushalte, Staat, Unternehmen)

↕

Geldbasis → „Geldmarkt"

- Klassische Methode:
  - o **Ankauf** in Form von **Aktiva** durch die Zentralbank
  - o **Kreditvergabe** an Nicht-Banken
- Übliche Methode in einer modernen Volkswirtschaft
  - o Wertpapierpensionsgeschäfte

Determinanten der Geldnachfrage:

Geldnachfrage ist **abhängig** vom **Einkommen** und von den **Kosten der Geldhaltung** → Opportunitätskosten (entgangene Zinsen) und Umwandlungskosten (Geldabheben im Ausland). Man kann Transaktionen jedoch auch ohne Geld tätigen (Kreditkarten, Lieferantenkredite, „Wechsel")

Geldnachfrage nach dem Vorsichtsprinzip (Unsicherheit, Kosten der Illiquidität):
- o Illiquiditätskosten:
  - Erforderliche **Kreditkosten** (z.B. Überziehungskredit, Dispo)
  - Unfähigkeit Transaktionen durchzuführen
  - Reputationsverlust bzw. Insolvenz
  - → Abhängig von der Unregelmäßigkeit bzw. Unsicherheit der Zahlungsein- und Ausgänge

Geldnachfrage nach dem Spekulationsprinzip (Zins, Kursrisiko bei festverzinslichen Sachen):

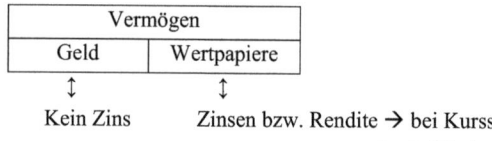

Vermögen	
Geld	Wertpapiere

$\updownarrow$ $\updownarrow$

Kein Zins   Zinsen bzw. Rendite → bei Kursschwankungen
                                ist Geldhaltung besser

Geldangebot und Geldmarktgleichgewicht:

Geldmarktangebot:
- o **Multiplikatorprozess** der Geldschöpfung (Ausgangspunkt ist die Geldbasis → Zentralbankengeld); Geldbasis B → Geldmenge M (Liquidität der Wirtschaft)
- o Multiplikator abhängig von den Zahlungsgewohnheiten → **Bargeldhaltung**
- o **Mindestreservesatz** (davon ist Multiplikator auch abhängig) → Aufgabe der Zentralbank
- o Multiplikator abhängig vom **Zinssatz** → Verhalten der Geschäftsbanken

Geldmarktgleichgewicht:
- o **Reales Geldangebot** = Menge/Preis
- o **Reale Geldnachfrage**: $L^d = L^d (y,r)$ (L^d = Liquidity for Demand)
- o Unterschiedliche Schreibweisen für das Geldmarktgleichgewicht:
  - Keynes:
    - → $\frac{M}{P} = L^d (y,r)$
    - → $M = k * p * y$ (k = Kassenhaltungskoeffizient; (p*y) = nominale Transaktionen);
    - → $M * V = p * y$ (V = Umlaufgeschwindigkeit des Geldes)

Unterschiedliche Zinsen:
- o Zinsen für **risikolose** Geldpapiere ↔ **risikobehaftete** Papiere
  - Deutsche Staatsanleihen ↔ Italienische Staatsanleihen
- o **Reale Zinsen** $(r - \Delta p)$ ↔ **nominale Zinsen** r   (Δp = bspw. Inflationsrate)

4

- o **Kurzfristige** Zinsen ↔ **langfristige** Zinsen
- o Zinsen im **Inland** r ↔ Zinsen im **Ausland** r^a (Differenz spiegelt Wechselkurserwartungen wider)
- o **Sollzinsen** ↔ **Habenzinsen** (von dieser Differenz leben Banken)
- o Geldmarktzinsen (Zinsen für ZB-Geld) ↔ andere (bspw. Verzinsung der „Geldmenge")

- Kurzfristzins (3 Monate):
  - o Wird auf dem **Geldmarkt** bestimmt
  - o Kann durch die **Zentralbank** gesteuert werden
  - o Tendenziell kurzfristige Anleger

- Langfristzins (Umlaufrendite festverzinslicher Wertpapiere):
  - o Laufzeit ca. 6-10 Monate
  - o Wird auf dem **Kapitalmarkt** bestimmt
  - o Relevant für **realwirtschaftliche Aktivitäten** (z.B. Kredit fürs Bauen)
  - o Tendenziell langfristige Kreditnehmer

Theorie der Zinsstruktur:
  - o **Liquiditätsprämie**: Kreditnehmer müssen den Anlegern bzw. der Bank einen Aufschlag zahlen (ca. 2%)
  - o **Erwartungstheorie**: Vergleichbare Erträge für kurz- und langfristige Anlagen
    - ▪ Langfristanlagen: $(1 + r_L)^n$
    - ▪ Kurzfristanlagen: $(1 + r_{K1}) * \ldots\ldots * (1 + r_{Kn})$
    - → Zinsstrukturkurve
- Zinsdifferenz als Konjunkturindikator:
  - o $r_K \ll r_L$ → Erwartung steigender Zinsen, steigende Preise, **gute Konjunkturaussichten**. Auslöser sind zum einen eine **hohe Kreditnachfrage** (Investitionen) und eine expansive Geldpolitik
  - o $r_K > r_L$ → Inverse Zinsstruktur; **restriktive Geldpolitik** und **geringen Kreditnachfrage** → Dämpfung der Konjunktur)

Transmission monetärer Impulse – Kann ich durch Drucken von Geld auf Einkommen Einfluss nehmen:

ältere Ansätze (19. Jahrhundert):
  - o Quantitätstheorie: $M * V = P * Y$ (M = Geldmenge; V = Umlaufgeschwindigkeit; P = Preisniveau; Y = Einkommen)
  - o Theorie der Kassenhaltung: $M = K * P * Y$ (K = Kassenhaltungskoeffizient)
  - o Zentrales Ergebnis:
    - ▪ Die Neutralität des Geldes
    - ▪ Die Realeinkommen werden realwirtschaftliche bestimmt
    - ▪ Geldumlaufgeschwindigkeit und der Kassenhaltungskoeffizient werden institutionell bestimmt
- → Geldpolitik wirkt direkt auf das Preisniveau:

o $p = Y * K * M$ (Y und K sind dabei autonom, die Steuerung des Preisniveaus hängt von der Geldmenge ab)

Keynsche Ansatz (1936 → General Theory):
o Grundgedanke:
  ▪ **Konjunkturschwankungen** sind Schwankungen der **aggregierten Nachfrage**
  ▪ Die Nachfrage kann durch Fiskal- und Geldpolitik beeinflusst werden
o Ausgangspunkt:
  ▪ Rigidität auf den Märkten, **Preis-** und **Lohnstarrheiten**, Mengen reagieren schneller als Preise
  ▪ Instabilität der Realwirtschaft
o **Das Modell:**
  ▪ Gütermarkt: Investitionen, Konsum, Staatsausgaben,
  ▪ Zentrale Aspekte des **Gütermarktes:**
    → Zinsabhängige Investitionen (+Konsum)
    → **Einkommensabhängiger Konsum (Multiplikator)**
    → Nachfrageabhängige Investitionen (Akzelerator)
  ▪ **Geldmarkt:**
    → Zins- und einkommensunabhängige Geldnachfrage
    → **Geldangebot** kann durch die **Zentralbank** gesteuert
o Wirkungsweise:
  ▪ M↗ → r↘ → I↗ → Y↗   (direkt, Multiplikator)
    Geldmarkt   Gütermarkt
→ **Geldmengenpolitik** kann also Einfluss auf die **Realeinkommen** haben

Transmission monetärer Impulse:
- <u>Vorklassische Ansätze</u>: bis Ende des 18. Jahrhunderts → Reichtum durch das Ansammeln von **Geld/Gold**
- <u>Klassische Ansätze</u> – Vor Keynes: strikte Trennung zwischen monetärer Sphäre und Realwirtschaft
- <u>Keynscher Ansatz</u>: s.o. → **Geldpolitik** wirkt!
- <u>Neuere Ansätze</u>: relative Preise und **Monetarismus**
  o Anfang 1970er Jahre (davor feste Wechselkurse)
  o Entdeckung der **Finanzmärkte** (Goldstandard auf $ abgesetzt)
- **Portfolio-Ansatz**: restriktive Geldpolitik
  o Zinsen steigen, **Kurse** (Wertpapiere) **sinken**
    ▪ **Vermögenseffekte** (bei denjenigen die Wertpapiere halten) → weniger Konsum, weniger Investitionen
    ▪ **Substitutionseffekte**, die zu einem Renditeausgleich führen
      → „Verkauf" von Sachvermögen
      → Weniger Investitionen in Sachvermögen
  o Anwendungsbeispiel **Finanzkrise 08/09**:
    ▪ Wert der Finanzvermögen ist gesunken → Vermögenseffekte
      → Geringere Liquidität auf den Märkten (Zeit hoher Unsicherheit)
      → Höhere Nachfrage nach Geld bzw. Liquidität

6

- → Damit Rückgang der Nachfrage nach Gütern → Korrelation verschiedener Märkte miteinander
  - **Maßnahmen** der Geldpolitik:
    - → **Senkung** der **Zinsen**, Bereitstellung von **Liquidität**
    - → Die Effekte wurden teilweise abgemildert
- Kreditkanal bei Fremdfinanzierung: restriktive Geldpolitik
  - o **Sinkende Kurse** und **Preise, steigende Zinsen**
  - o **Abnahme** des **Unternehmenswertes** (gilt auch für Immobilien)
    - Wert der Sicherheiten sinkt
    - Banken geben weniger Kredite
    - Verstärkung des Zinseffekts durch die Banken
      - → „**Kreditklemme**" (Ausschüttung weniger Kredite) → In Deutschland war dies aber nicht der Fall, Ausschüttung von Krediten in normalen Rahmen
- Monetarismus: Geldpolitik wirkt , aber **nur unerwartete Geldpolitik** → Störung der monetären Wirtschaft
  - o Berücksichtigung der Bedeutung von Informations- und Anpassungskosten
  - o Im Prinzip werden die Effekte der Geldpolitik akzeptiert, Geldpolitik wirkt aber nur wenn sie unerwartet ist, wegen der Effizienz der Finanzmärkte
  - o Unerwartete Geldpolitik stärkt die Effizienz
    - Geringere Einkommen
    - Verstärkung von wirtschaftlichen Schwankungen
- Politikempfehlungen:
  - o Keynes (Fed): Geldpolitik zur Steuerung der Konjunktur (kurz- bzw. mittelfristig) → durch geeignete, geldpolitische Maßnahmen können die Realeinkommen erhöht werden
  - o Monetaristisch (EZB): Geldpolitik wirkt, aber störend (Enttäuschung von Erwartungen) → stetige und vorhersehbare Politik. **Nur unerwartete Geldpolitik wirkt**

Geldpolitik und Inflation

Kosten der Inflation:
- o Erwartete vs. Unerwartete Inflation
- o **Hyperinflation**
- o **Direkte** vs. **Indirekte** Kosten
  - Problem insbesondere für die Geldwirtschaft → Des-Informationen über das Preissystem → relevant für die Finanz- und Realwirtschaft
- o Gesamtwirtschaftliche Kosten vs. Kosten für einzelne Gruppen
  - **Umverteilung**
- o Bsp. Inflation in Afrika: hohe Inflation → kein Steuersystem nötig, da Inflation die Steuern „ersetzt". Hohe Inflation → Schuldentilgung einfacher

Institutionelle Aspekte
Einbindung der Geldpolitik in den allgemeinen Rahmen der Wirtschaftspolitik

- Unabhängigkeit der Zentralbanken:
  - o EZB (früher Bundesbank): Hauptziel → **Preisniveaustabilität**
  - o **Fed: mehrere Hauptziele** → geringere Arbeitslosigkeit, Preisstabilität, geringe Langfristzinsen

Strategien der Geldpolitik:
  - o Allgemeine Strategien:
    - ▪ **Regelgebundene** Politik (z.B. mit einer Geldmengenregel) → **EZB**
    - ▪ **Diskretionäre** (ohne Regelvorgabe) Politik (angelsächsischer Bereich) → Eingriffe nach Wirtschaftslage → **Fed** (Hohe Inflationsraten kommen dieser zu Gute → Flexibilität)
    - ▪ Wo sind Banken stabiler? → in europäischem System eher nicht → mehr Stabilität der Banken in angelsächsischem System (geringere Volatilität)
  - o Spezifische Strategien der Zentralbanken:
    - ▪ Ausrichtung an der **Geldmenge**
    - ▪ Ausrichtung am **Wechselkurs**
    - ▪ Preislücke
    - ▪ **Direktes Inflationsziel**
    - ▪ Taylor-Regel
  - o Geldpolitische Strategien:
    - ▪ Ausrichtung der **Geldpolitik** am **Wechselkurs**
      - → Bsp. MOEL, Festkurssystem, Schweiz, Österreich vor der Einführung des Euro
      - → Von 1945-1970 hatte man die höchste Wirtschaftswachstumsraten die es je gab
      - → Vorteil: Import von Stabilität → kleine offene Volkswirtschaften
    - ▪ **Geldmengenstrategie**:
      - → Bsp. Bundesbank, monetäre Säule der EZB → M * V = P * Y

Institutionelle Aspekte der Geldpolitik
- **Ziele** der Geldpolitik:
  - o **Preisstabilität**
  - o Wirtschaftswachstum, Vollbeschäftigung, Unterstützung der allgemeinen Wirtschaftspolitik
  - o **Finanzmarktstabilität**
- Strategie der Geldpolitik:
  - o Geldpolitik wirkt langfristig (Dauer bis Wirkung einsetzt)
  - o Geldpolitik muss **Vertrauen** schaffen
  - o Geldpolitik benötigt eine **langfristige Ausrichtung** bzw. Orientierung
  - o Wechselkurs:
    - ▪ Keine „eigene" Geldpolitik
    - ▪ Kleine offene Volkswirtschaften
    - ▪ Abhängigkeit von der Ankerwährung

- o Taylor-Regel (eher für die amerikanische Geldpolitik):
  - Beziehung zwischen den Variablen (M, r, p, y) setzt Ziel der Zentralbank fest
- o Geldpolitische Strategie der **EZB**:
  - 2 Säulen-Strategie:
    - → 1. Säule: **Economic** analysis: breite Palette von **Frühindikatoren**, die für die **Preis-** und allgemeine **Wirtschaftswirkung** wichtig sind. Sie beobachtet die Inflationsentwicklung selbst und Größen, die Einfluss auf die Inflation haben
    - → 2. Säule: **Monetary** analysis: zunächst orientiert an der Qualitätsgleichung, aber auch an anderen monetären Größen, z.B. Zinsstruktur. Veröffentlichung eines Referenzwertes für die gewünschte M3-Geldmengenentwicklung.

Goldstandard und Bretton Woods

- Historie: Goldstandard mit Verwerfungen
  - o Gründung der Reichsbank 1871 mit dem Goldstandard als Basiswährungssystem
  - o 1. Weltkrieg → Hyperinflation 1923, Währungsreform
  - o Nazi-Herrschaft → Kriegsfinanzierung
  - o 2. Weltkrieg → Zusammenbruch des Wirtschaftssystems, Tauschwirtschaft, Währungsreform, Wirtschaftswunder begann als es eig. gar kein richtiges Geld gab
  - o Nachkriegsordnung:
    - Deutschland: „Bank deutscher Länder" wurden umgewandelt in „Deutsche Bundesbank"
    - International:
      - → **Bretton Woods Währungssystem** von 1944-1971/73 feste Wechselkurse gegenüber $ mit Golddeckung des $ (daran waren fast alle Länder außer UdSSR + Ostblock und China beteiligt) → Währungssystem der Welt
      - → Warum würde Bretton Woods heute nicht mehr funktionieren: früher stabile Entscheidungsfindung → USA als Taktgeber
        Institutionelle Aspekte: IWF, Weltbank → keine freien internationalen Kapitalmärkte → heute nicht mehr denkbar
      - → Scheitern in mehreren Schritten, aufgrund von Inflationsentscheidungen und der abnehmenden Bedeutung des $ und der USA
  - o !970er Jahre:
    - **Anstieg der Inflation**, Rückgang des Wirtschaftswachstums, Anstieg der Arbeitslosigkeit (aber starke Aufwertung der D-Mark)
    - Die Weltwirtschaft ist mit ihren Problemen deutlich schlechter fertig geworden als vorher
  - o Deutsche Bundesbank und EWS 1 (1973-1992/98):
    - Absprachen einiger europäischer Länder in Bezug auf feste Wechselkurse
    - **Starke Rolle der D-Mark** bzw. der Deutschen Bundesbank
    - Einleitung für die gemeinsame Währung
  - o Das europäische System der Zentralbanken bzw. der EZB (1992/98 bzw. 1999/2002):
    - Geringe Inflation in den 90er Jahren
    - **Feste Wechselkurse ab 1999** in der EU

- Gemeinsame Währung ab 2002

Die Zahlungsbilanz

Unter der Zahlungsbilanz eines Landes versteht man eine nach bestimmten Kriterien gegliederte Aufzeichnung der wirtschaftlichen Vorgänge, die in einer Periode zwischen Inländern bzw. Ausländern stattgefunden haben.

- Die Zahlungsbilanz: bietet einen Rahmen für die Darstellung und Analyse monetärere Transaktionen über die Ländergrenzen:
  - o Rahmen für die Analyse des **Angebots** an und der **Nachfrage** nach der **eigenen Währung** bzw. Devisen
  - o Zahlungsbilanz des Euroraumes → Transaktionen innerhalb des Währungsraumes spielen keine Rolle
- Grobe **Gliederung der Zahlungsbilanz**:
  - o **Leistungsbilanz**: an der **Realwirtschaft** orientiert
  - o **Kapitalbilanz** i.e.S.: an den **Finanzmärkten** orientiert
  - o Änderung der **Devisenreserven** der Zentralbanken → an **Geldpolitik** orientiert
- Die Zahlungsbilanz im Detail:

Einnahmen, Eingänge	Ausgaben, Ausgänge
- **Leistungsbilanzexporte** → Nachfrage nach eigener Währung €, Angebot an Devisen $	- **Importe**
- Kapitalbilanz i.e.S. → **Kapitalimporte**, Ausländer legen Geld im Inland an → Nettokapitalimporte - Änderung der **Devisenreserven** → Abnahme	- Kapitalbilanz i.e.S. → **Kapitalexporte** - Änderung der **Devisenreserven** → Zunahme
- **Leistungsbilanzüberschuss**	- **Leistungsbilanzdefizit**

- Reaktionen der Leistungsbilanz: Bedeutung für Gütermarkt, Wachstum, Beschäftigung
  - o Reale Betrachtung:
    - $Ex = Ex\ (\ p/p_A -,\ wk\ \$/€ -,\ Y_A + \ )$
    - $Im = Im\ (\ p/p_A +,\ wk\ \$/€ +,\ Y_A + \ )$
  - o Nominale Betrachtung: Bedeutung für den Devisenmarkt und den Wechselkurs
    - Leistungsbilanzüberschuss $LBÜ = p€\ x\ Ex - \dfrac{p\$}{wk\ \$/€}\ x\ Im$

	Real	Nominal
- Y↗	Im↗, Ex→	**Leistungsbilanzdefizit**, Abnahme Währungsreserven, **Abwertung** der eigenen Währung
- Y_A	Ex↗, Im→	**Leistungsbilanzüberschuss**, Tendenz zur **Aufwertung** der eigenen Währung
- p↗	Ex↘, Im↗	**p(↗) x Ex↘ → unsicher** $p^S/wk_{S/€}$ x Im(↗) → **keine** klare **Tendenz** zur Auf- oder Abwertung
- p_A↗	Ex↗, Im↘	**p^A_S(↗) x Im(↘) → unsicher** → **keine** klare **Tendenz** zur Auf- oder Abwertung
- wk $/€↗	Ex↘, Im↗	Importwert? Führt Regelmäßig zu einer kurzfristigen Verbesserung der deutschen Leistungsbilanz

- Preis- und Wechselkurseffekte:
  - ➔ „**Normale**" Reaktion: Nominaleffekt geht in die gleiche Richtung wie der Realeffekt
  - ➔ „**Nicht-Normale**" Reaktion: Nominaleffekt geht in die andere Richtung wie der Realeffekt

Determinanten des Wechselkurses

- In den letzten Jahren ist der **Außenhandel** die wichtigste konjunkturtreibende Kraft geworden. Dieser ist jedoch Abhängig von Wechselkursen:
  - o Verbesserung der Leistungsbilanz → verkaufen mehr ins Ausland → erhöhte Nachfrage nach der eigenen Währung → **Aufwertung** der eigenen Währung
  - o Inflation ↗ → restriktive Geldpolitik → steigende Zinsen → mehr Kapitalimporte → steigende Nachfrage nach der eigenen Währung → **Aufwertung** der eigenen Währung
- Angebot und Nachfrage nach eigener Währung und Devisen:
  - o **Nachfrage nach € über:**
    - ▪ **Exporte** und **Kapitalimporte**
  - o **Angebot nach € über:**
    - ▪ **Importe** und **Kapitalexporte**
  - o Wechselkurspolitik der Zentralbanken
  - o Nachfrage nach € > Angebot nach €:
    - ▪ **Aufwertung** des € → **Exporte sinken, Importe steigen**
      - ➔ Bei normaler Reaktion der Leistungsbilanz: Ungleichgewichte werden tendenziell abgebaut
  - o Bedingungen für den Anpassungsmechanismus:
    - ▪ **Normale Reaktion** der Leistungsbilanz
    - ▪ Leistungsbilanz dominiert die Zahlungsbilanz

Kaufkraftparitätentheorie (KKP):

o wk \$/€ = $p^\$/p^€$ (Niveaus) → absolute Methode

o wk-Dach = $p^A - p^{Inland}$ (Veränderungsraten) → relative Methode

o klassischer Anpassungsmechanismus des Wechselkurses, beruhend auf der **Leistungsbilanz**

o Wenn Wechselkurs wk fest → Preisanpassungen

o Preisanpassungen unterstützen den Anpassungsprozess hin zu den KKP (z.B. bei festen Wechselkursen)

o **Die KKP-Theorie hilft bei der Erklärung von Wechselkursbewegungen**

o Absolute Methode:

  ▪ Wechselkurs zwischen den Währungen zweier Staaten entspricht deren Preisniveauverhältnis

o Relative Methode:

  ▪ Wechselkurs zweier Währungen ändert sich um denselben Prozentsatz wie die Preisniveaudifferenz

Zinsparitätentheorie (ZP):

o Mechanismus anhand der **Kapitalbilanz**

o Vergleichbar über „Gesetz des einheitlichen Preises" auf den Finanzmärkten

  ▪ $r_€ = r_S$ - wk-Dach \$/€

  ▪ hoher Zins = niedriger Zins +- Erwartete Aufwertung des \$

o ZP-Theorie erklärt Wechselkursveränderungen anhand von Kapitalbewegungen

Das Dornbusch-Modell:

o Methode zur Erklärung für das Überschießen des nominellen Wechselkurses im Anschluss an monetäre Schocks

o **Kombination** aus **KKP** und **ZP**

o Bsp. expansive Geldpolitik im Inland:

  ▪ M↗ → r↘ → I↗ → Y↗ → p↗ (geschlossene Volkswirtschaft)

    → **KKP**: Preise im Inland steigen → **Abwertung** der eigenen Währung

    → **ZP**: Zinsen im Inland sinken, Zinsen im Ausland bleiben konstant → die niedrigen Zinsen im Inland müssen ausgeglichen werden durch **Aufwertung** der heimischen Währung

    → Widerspruch!!

  ▪ **Lösung** 1: sofortige und vollständige Anpassung der Preise, reale Geldmenge bleibt konstant → keine Zinseffekte (bspw. M steigt um 10% → P steigt auch um 10%)

    → M↗ → r↘ → p↗ → r↗ → wk \$/€ ↘

  ▪ **Lösung** 2: langsamere Anpassung der Preise (Gütermärkte reagieren langsamer darauf). In Übergangszeit geringere Zinsen

    → M↗ → r↘ und steigt langsam wieder auf Ursprungsniveau → p↗ langsam und nicht sofort → wk \$/€ ↘ unter Lösung 1, dann langsame Anpassung an Lösung 1

    → **Überschießen** der **Wechselkurse** (da r sich langsamer anpasst als in Lösung 1 muss ein Ausgleich über den Wechselkurs erfolgen)

o Störung: Steigt die heimische Geldmenge, so erfordert Geldmarktgleichgewicht die sofortige Anpassung der nominellen Geldnachfrage. Bei kurzfristig trägen Güterpreisen kann diese Anpassung nur über ein sinkendes Inlandszinsniveau erfolgen. Bei *perfekter* internationaler

Kapitalmobilität kann sich der Inlandszins aber nur vom Auslandszins lösen, wenn die Zinsdifferenz durch Wechselkursänderungserwartungen kompensiert wird. Der Wechselkurs wird daher sein neues langfristiges Gleichgewicht überschießen *(Overshooting)*, und die daraus resultierende Aufwertungserwartung bringt den Geldmarkt kurzfristig ins Gleichgewicht. Durch das Überschießen des Wechselkurses entsteht auf dem Gütermarkt eine Überschussnachfrage nach heimischen Gütern, die Güterpreise beginnen zu steigen. Dies erhöht seinerseits wiederum die Geldnachfrage, der Inlandszins steigt, und der nominelle Wechselkurs sinkt allmählich auf sein gegenüber der Ausgangssituation abgewertetes neues langfristiges Gleichgewichtsniveau.

Internationale Interdependenz
Analyse der Zahlungsbilanzströme, d.h. des Angebots bzw. der Nachfrage nach Devisen. Analyse der Wechselkursanpassungen und der Rückwirkungen auf die heimische Wirtschaft. Formaler Rahmen ist das IS-LM-AS-AD-Modell und die Zahlungsbilanz → **Z-Kurve**

- Angebot und Nachfrage in der offenen Volkswirtschaft:
  - **Gütermarktkurve IS** abhängig von **Export, Import,** Preis **p** (Inland), Preis **p^a**(Ausland), **Wechselkurs,** ausländisches Einkommen **Y^a,** Staatsausgaben **G**
  - **Geldmarktkurve LM** abhängig von der Geldmenge **M** und den Preis **p** → Zinsreagibilität der Geldnachfrage

- Zahlungsbilanz im Zins- Einkommens-Schaubild:
  - Kapitalbilanz : **r** und **r^a** haben Einfluss drauf
  - Leistungsbilanz: **y, y^a, p, p^a** und der Wechselkurs haben Einfluss darauf
  - Devisenbilanz: **Wechselkursänderungen** haben Einlfuss

Die Z-Kurve: Gleichgewicht der Zahlungsbilanz im Zins-Einkommens-Schaubild
  - **Feld 1**: Nettokapitalexporte < 0 (hoher Zins)und **Leistungsbilanzüberschuss** (geringes Einkommen):
    - Doppelter Überschuss: Nettokapitalim- und Exporte > Importe
      - → **Zunahme** der **Währungsreserven,** da ein hohes Zinsniveau herrscht und so ausländische Kapitalgeber angelockt werden. Außerdem **sinken** bei geringem Einkommen die **Importe**
      - → Tendenziell **Aufwertung** der heimischen Währung
  - **Feld 2**: Nettokapitalexporte > 0 (geringer Zins) und **Leistungsbilanzdefizit** (hohes Einkommen):
    - **Abnahme** der **Währungsreserven,** da hohe Einkommen die Importe steigen lassen und gleichzeitig der niedrige Zins keine Investoren anlockt. Dies hat ein **Leistungsbilanzdefizit** und hohe **Nettokapitalexporte** zur Folge
    - Tendenziell **Abwertung** der Währung
  - **Feld 3**: Nettokapitalexporte > 0 (geringer Zins) und **Leistungsbilanzüberschuss** (geringes Einkommen)
  - **Feld 4**: Nettokapitalexporte < 0 (hoher Zins) und **Leistungsbilanzdefizit** (hohes Einkommen)

- Feld 3 und 4: **tendenzieller Ausgleich**, da zum einen niedriger Zins mit niedrigem Einkommen und ein hoher inländischer Zins mit hohen Einkommen einhergeht
  - Alles was sich **links** von der **Z-Kurve** befindet wird als **Zahlungsbilanzüberschuss** (Zunahme der Währungsreserven, Aufwertung) und alles was sich **rechts** von der **Z-Kurve** befindet wird als **Zahlungsbilanzdefizit** (Abnahme Währungsreserven, Abwertung der heimischen Währung) bezeichnet

Z-Kurve im IS-LM-Modell:

  - Befindet sich der **Schnittpunkt** von **IS-** und **LM-Kurve oberhalb** der **Z-Kurve**, dann herrscht ein **Zahlungsbilanzüberschuss**
  - Befindet sich der **Schnittpunkt** von **IS-** und **LM-Kurve unterhalb** der **Z-Kurve**, dann herrscht ein **Zahlungsbilanzdefizit**
  - **Flache** Z-Kurve bei **steigenden Kapitalmärkten** (Bsp. USA), wenn Kapital flexibel ist
  - **Steile** Z-Kurve bei **Kapitalverkehrskontrollen**, kleine offene Volkswirtschaft (Bsp. CHI)
  - Allgemein ist die Z-Kurve flacher als die LM-Kurve

Mundell-Fleming-Modell:

  - **Güterwirtschaftliches Gleichgewicht** (IS-Kurve)
    - $Y = C(Y) + I(r) + G + Ex(Y^a, p/p^a, wk) - Im(Y, p/p^a, wk)$
    - **Verschiebung** der IS-Kurve: G, Y^a, p/p^a, wk
    - **Steigung** der IS-Kurve: Zinsreagibilität der Investitionen; Größenordnung des Multiplikators → Staatsanteil und Außenhandel

  - **Geldmarktgleichgewicht** (LM-Kurve)
    - $M/P = L^d (Y, r)$
    - **Verschiebung** der LM-Kurve: M, p
    - **Steigung** der LM-Kurve: Zinsreagibilität der Geldnachfrage, flach in der Rezession und steil im Boom
  - Zahlungsbilanzausgleich (Z-Kurve)
    - $LB\ddot{U} = p\in x\, Ex\, (Y^a, p/p^a, wk) - \frac{p\$}{wk\,\$/\in} x\, Im\, (Y, p/p^a, wk)$
    - **Nettokapitalimporte = NKImp.** (r, r^a)
    - **Zahlungsbilanzüberschuss** (ZBÜ) = **LBÜ** + **NKImp**
    - **ZBÜ > 0** → **Zunahme** der **Währungsreserven** → Tendenz zur **Aufwertung** der heimischen Währung
    - **ZBÜ < 0** → **Abnahme** der **Währungsreserven** → Tendenz zur **Abwertung** der heimischen Währung
    - Steigung der Z-Kurve:
      → **Zinsreagibilität** der internationalen Kapitalströme
      → Flache Z-Kurve bei steigenden Kapitalmärkten (Bsp. USA), wenn Kapital flexibel ist
      → Steile Z-Kurve bei Kapitalverkehrskontrollen, kleine offene Volkswirtschaft (Bsp. CHI)
      → Anteil des Außenhandels
    - **Verschiebung** der Z-Kurve:

→ Konjunktur Ausland$\nearrow$ → $Y^a\nearrow$ → Ex$\nearrow$ → Währungsreserven$\nearrow$ → ZBÜ > 0 → Rechtsverschiebung der Z-Kurve

→ Expansive Geldpolitik: M$\nearrow$ → Y$\nearrow$ → Im$\nearrow$ → Währungsreserven$\searrow$ → ZBÜ < 0 → Linksverschiebung der Z-Kurve

Fester Wechselkurs:

- o **Annahmen** (die zunächst getroffen werden müssen):
  - **Normale Reaktion** der Leistungsbilanz (Nominaleffekt in Richtung Realeffekt)
  - **Neutralisierungspolitik:** d.h. Geldmengenveränderungen ohne dass sich die LM-Kurve verschiebt
  - Kleines Land → keine Rückwirkungen aus dem Ausland
  - Flexibles Angebot → keine Veränderung der Preise
  - Ausgangsmodell: flache Z-Kurve, keine Rezession bzw. keine Liquiditätsfalle
- o Anwendungsbeispiele:
  - **Expansive Fiskalpolitik** (positives Nachfragehoch) → zunächst Schnitt von IS-LM- und Z-Kurven:
    → **G** (Staatsausgaben)$\nearrow$ → IS-Kurve Rechtsverschiebung → r$\nearrow$ → Y$\nearrow$ → Leistungsbilanzüberschuss (LBÜ)$\searrow$ → NKImp$\nearrow$ → ZBÜ$\nearrow$ → Zunahme der Währungsreserven → Tendenz zur Aufwertung. NKImp$\nearrow$ dominiert LBÜ$\searrow$ deswegen trotzdem ZBÜ
  - **Flache LM-Kurve** (Rezession) und steile Z-Kurve (Kapitalverkehrskontrollen) → zunächst Schnitt aller 3 Kurven:
    → Verschiebung der IS-Kurve nach rechts
    → **Zahlungsbilanzdefizit** → **Abnahme** der **Währungsreserven** → Tendenz zur **Abwertung**
  - **Expansive Geldpolitik** → zunächst Schnitt aller 3 Kurven, Z flacher als LM
    → M$\nearrow$ → Verschiebung der LM-Kurve → r$\searrow$ → Y$\nearrow$ → LBÜ $\searrow$ → NKImp$\searrow$ → ZBÜ$\searrow$ → Abnahme Währungsreserven → Tendenz zur **Abwertung**
  - **Aufwertung der heimischen Währung** → zunächst Schnitt von IS-LM- und Z-Kurve
    → Verschiebung der **IS-Kurve nach links** durch die Aufwertung
    → Ex$\searrow$ → Im$\nearrow$ → Y$\searrow$ → r$\searrow$, NKim$\searrow$
    → Abnahme Währungsreserven
    → **Linksverschiebung der Z-Kurve** durch Leistungsbilanzausgleich bei geringeren Einkommen
    → Tendenz zur **Abwertung** (bei flexiblen Wechselkursen)
  - **Spezialfall Aufwertung €**: nicht normale Reaktion der der Leistungsbilanz → zunächst Schnitt von IS-LM- und Z-Kurve
    → Nur ganz **leichte Verschiebung der IS-Kurve nach links**, da Export nur ganz schwach sinkt und Import ganz schwach steigt
    → Relativ **starke Rechts-Verschiebung der Z-Kurve**. Diese fängt den Preiseffekt der IS-Kurve ab und da diese sich kaum verschiebt, muss die Z-Kurve den Preiseffekt abfangen
    → **Zunahme der Währungsreserven**, da nun Schnittpunkt IS-LM-Kurve über Z-Kurve

→ Tendenz zur **Aufwertung** (bei flexiblen Wechselkursen)

- **Preisänderung**: zunächst Schnitt von IS-LM- und Z-Kurve
  → Annahme: **P**↗
  → **Linksverschiebung der LM-Kurve**, da M/P (reales Geldangebot)↘ → Y↘
  → **Linksverschiebung der IS-Kurve** da Mengenrückgang
  → r ?, LB?, KB?, ZB? Ex↘ → Im↗ → Erklärung auch anhand der Formel:

  → $LBÜ = p€ \; x \; Ex \; (Y^a, p/p^a, wk) - \frac{p\$}{wk \,\$/€} \; x \; Im \; (Y, p/p^a, wk)$

  o **2 Spezialfälle:**
    - Starke Mengenänderung bei kleinen Preisänderungen: zunächst Schnitt von IS-LM-
      und Z-Kurve:
      → Annahme: **P**↗
      → **Schwache Linksverschiebung der LM-Kurve**, dafür **starke Linksverschiebung der IS-Kurve** → Dieser Effekt verschiebt schlussletztlich auch die Z-Kurve nach links (gegenläufig)
      → Y↘ → r↗ → LB? → KB↘ → ZB↘ → **Tendenz zur Abwertung**
    - Geringe Mengenänderung bei starken Preisänderungen: zunächst Schnitt von IS-LM-
      und Z-Kurve
      → Annahme: **P**↗
      → **Starke Linksverschiebung der LM-Kurve** und **schwache Linksverschiebung der IS-Kurve** → **Verschiebung der Z-Kurve nach rechts** (gegenläufig)
      → r↗, ZB↗ , NKIm↗ → **Tendenz zur Aufwertung**
      → höhere Inflation nicht immer mit Abwertung verbunden → USA → Fed → mehr Flexibilität

Flexibler Wechselkurs

- **Expansive Fiskalpolitik**: Zunächst Schnitt von IS-LM- und Z-Kurve
  O Annahme: **G**↗
  O **Rechtsverschiebung** der **IS-Kurve** durch steigende Staatsausgaben
  O r↗ → Y↗ → ZB↗ da neuer Schnittpunkt von IS- und LM-Kurve über Z-Kurve liegt
  O Zunahme Währungsreserven → Tendenz zur **Aufwertung**
  O Annahme: **Aufwertung €**
  O **IS-Kurve wieder leicht nach links** und **Z-Kurve** verschiebt sich ebenfalls **leicht nach links**
  O Gesamtwirtschaftliche Gleichgewicht wird nun wieder bei leicht gestiegenem Einkommen und Zinssatz erreicht sein
  O → **Wechselkursmechanismus** führt zu einem **automatischen Ausgleich** der **Zahlungsbilanz**

- **Expansive Geldpolitik**: Zunächst Schnitt von IS-LM- und Z-Kurve

- o Annahme: **M↗**
- o **Rechtsverschiebung der LM-Kurve** → r↘ → Y↗ → **ZB↘** da sich neuer Schnittpunkt der IS- und LM-Kurve unter der Z-Kurve befindet → Tendenz zur **Abwertung**
- o Annahme: **Abwertung €**
- o **Rechtsverschiebung der IS- und Z-Kurve in neuem Gleichgewicht**
- **Flexibler Wechselkurs: Geldpolitik ist effektiv, Fiskalpolitik jedoch nicht**
- **Fester Wechselkurs: Geldpolitik ist nicht effektiv, Fiskalpolitik ist dagegen effektiv**

Übungsblätter

<u>IS-LM-Modell</u>: Gesamtnachfragemodell, Preisniveau als exogen gegeben betrachtet.

- o **IS-Kurve**: symbolisiert Investitionen und Ersparnis → **Gütermarkt**
  - Zur **Herleitung** benötigt man eine **Investitionsfunktion I = I (r)** und ein Schaubild das den Zusammenhang zwischen der gesamtwirtschaftlichen Nachfrage Y^d und dem Einkommen **Y** beschreibt. Dies spiegelt eine Gerade mit positiver Steigung wider.
  - I =I (r) fallende Steigung, da mit steigendem Zinssatz die Investitionen abnehmen.
  - $Y^d = C(Y) + I(r) + G + (Ex - Im)$
  - Die **IS-Kurve** umfasst alle **Gleichgewichtspunkte** auf dem **Gütermarkt** → je höher der Zinssatz, desto geringer die Einkommen → negative Steigung
- o **LM-Kurve**: symbolisiert Geldangebot und Geldnachfrage → **Geldmarkt** → Geldmarktgleichgewicht
  - **Positive Steigung** → da mit **steigenden Einkommen Y** die Geldnachfrage steigt, nun wird **erhöhter Zinssatz** benötigt um Gleichgewicht am Geldmarkt wieder herzustellen
  - Herleitung über das **reale Geldangebot M/P** und den **Zinssatz r**
  - Geldangebot durch M/P bestimmt → Geldmenge setzt Zentralbank fest
  - Geldnachfrage ist $L^d = L^d (Y, r)$ L = Liquidity; Geldnachfrage ist positiv vom Einkommen Y und negativ vom Zinssatz r abhängig
  - Im Gleichgewicht gilt auf dem Geldmarkt: $M/P = L^d (Y, r)$
  - LM-Kurve gibt Beziehung zwischen **Zinssatz** und **Einkommen** auf Geldmarkt wider
- o **Zusammenfassend** in einem Schaubild:
  - Die **IS-Kurve** zeigt alle Kombinationen von Zins und Einkommen, welche das **Gütermarktgleichgewicht** erfüllen
  - Die **LM-Kurve** zeigt alle Kombinationen von Zins und Einkommen, die das **Geldmarktgleichgewicht** erfüllen
  - Das **kurzfristige gesamtwirtschaftliche Gleichgewicht** ist durch den **Punkt** gegeben, in dem sich beide Kurven schneiden

Gesamtnachfrage-Gesamtangebots-Modell

- o Das **aggregierte Angebot AS** (zeigt zu jedem Preisniveau die Menge, die die Unternehmen anbieten wollen):
  - Da **kurzfristigen Preise starr** (vollkommen elastisch; **horizontal**) und die **langfristigen Preise flexibel** (vollkommen unelastisch; **senkrecht**) sind unterscheidet man,
    - → Kurzfristige aggregierte Angebotskurve SRAS
    - → Langfristige aggregierte Angebotskurve LRAS
- o **Zusammenfassend** in einem Schaubild: Schnitt von LRAS, SRAS und der fallenden AD-Kurve:
  - **Ausgangspunkt A** in dem sich alle 3 (LRAS, SRAS und AD) in einem Y-p-Schaubild schneiden

- Annahme: Zentralbank verringert Geldmenge und Gesamtnachfrage geht zurück → Linksverschiebung AD
- $M\searrow \to M/P\searrow \to r\nearrow \to I\searrow \to Y^d\searrow \to Y\searrow$
- Da Preise kurzfristig starr sind, ergibt sich **kurzfristig ein neues Gleichgewicht**, bei jedoch gleichem Preis P_1, aber geringerem Output in **Punkt B**
- Aufgrund der verringerten Nachfrage sinken Verkäufe usw. → Einkommen Y sinkt → Preisdruck nach unten
- Aufgrund sinkender Preise wird die Wirtschaft wieder angekurbelt und das Gleichgewicht bewegt sich langsam in Richtung Punkt C der, dasselbe Outputniveau, d.h genau das gleiche Einkommen wie in A generiert, nur mit günstigeren Preisen.
- $P\searrow \to M/P\nearrow \to r\searrow \to I\nearrow \to Y^d\nearrow \to Y\nearrow$
- **Punkt C ist neues langfristiges Gleichgewicht**

Geldschöpfung und Geldvernichtung

- o **Aktive Geldschöpfung**: Bank erwirbt von Nicht-Bank Aktiva und gibt dafür Zahlungsmittel her
  - Bsp.: Bank erwirbt Sachvermögen von Unternehmen und zahlt (teilweise) in bar
- o **Aktive Geldvernichtung**: Bank verkauft an Nicht-Bank Aktiva und dafür Zahlungsmittel erhalten
  - Bsp.: Bank verkauft Sachvermögen an Unternehmen und zahlt (teilweise) in bar
- o **Passive Geldschöpfung**: Nicht-Bank liquidiert Forderungen bei Bank und erhält dafür Zahlungsmittel
  - Bsp.: Bankkunde löst längerfristige Forderung an eine Bank ein und lässt sich das Geld (teilweise) bar auszahlen
- o **Passive Geldvernichtung**: Nicht-Bank erwerben Forderungen von Banken und geben dafür Zahlungsmittel her
  - Bsp.: Bankkunde wandelt Sichtguthaben und einen Barbetrag in eine längerfristige Forderung um

Das Multiplikatormodell:

- o Annahmen:
  - Es gibt eine Geschäftsbank **GB**, eine Zentralbank **ZB** und das Publikum
  - Publikum hält **Bargeld C** in Relation zur **Geldmenge M** → **Bargeldquote c = C/M**
  - ZB verpflichtet GB einen Teil seiner **Sichteinlagen D** als **Mindestreserve Z** in Form von ZB-Geld zu halten → **Mindestreservesatz r > 0**
  - GB vergibt **Kredite K** in Höhe ihrer **Überschussreserve R**
  - ZB legt **Geldbasis $B_0 > 0$** fest
  - $M = C + D$, $B_t = K_t = (1 - r) D_{t-1} = D_{t-1} - Z_{t-1}$
  - → **Geldschöpfungsmultiplikator** $m = \dfrac{1}{1-(1-c)(1-r)} B_0$
  - Dieser ist abhängig von der Bargeldquote c und der Mindestreserve r
- o Geldpolitik:

- Die Geldmenge steigt, wenn die ZB die Geldbasis B erhöht oder den Mindestreservesatz r senkt
- Die Geldmenge sinkt, wenn die ZB die Geldbasis B senkt oder den Mindestreservesatz r ehöht

Die klassische Angebotskurve:

o Annahmen:
- Unterstellt **vollkommen flexible Geldlohnsätze** → vollkommen unelastisch, senkrecht
- Die klassische Angebotskurve ist unabhängig vom Preisniveau

Die Keynesianische Angebotskurve:

o Annahmen:
- Die Nominallöhne sind nach unten hin starr → **Preiselastizität, wenn gilt: $L^s > L^d$** bei W_0 → Nominallohn verharrt trotz Unterbeschäftigung auf Vollbeschäftigungsniveau
- Reallohnsenkungen werden akzeptiert, aber nicht durch Nominal-Lohnsenkungen, sondern durch Preiserhöhungen→ **Geldillusion**
- Bei einer Senkung des Geldlohnsatzes widersetzen sich die Anbieter von Arbeit → Lohn sinkt nicht bei Überschussangebot an Arbeit
o → Die keynesianische Angebotskurve ist **abhängig vom Preisniveau, solange keine Vollbeschäftigung** herrscht
o → Die keynesianische Angebotskurve ist **unabhängig vom Preisniveau, sobald Vollbeschäftigung** herrscht
o Gleichgewicht auf den Gütermärkten nicht immer mit Vollbeschäftigung verbunden. Anpassungsprozess kann blockiert werden, weil die Geldlohnsätze nach unten nicht flexibel sind

- **Preisniveaustabilisierung:**
  o Bei **Störungen** auf dem **Geldmarkt** erweist sich die **Zinssteuerung** der Geldmengensteuerung als überlegen
  o Bei **Störungen** auf der Nachfrage- und Angebotsseite des **Gütermarkts** ist die **Geldmengensteuerung** besser als die Zinssteuerung

Vergleich EZB vs. Federal Reserve System (Fed)

	EZB	Fed
Länder	**17 Staaten**	**USA**
Bevölkerung	331 Mio.	309 Mio.
BIP (2010)	12.167 Mrd. $	14.526 Mrd. $
ALQ (2010)	10,1%	9,6%
Aufbau	EZB und nationale ZBen	Board & Regionale Fed
	EZB-Rat:	**Federal Open Market Committee:**

	- Festlegung Geldpolitik - One (wo)man – one vote	- Festlegung Offenmarkt- und Diskontpolitik
	Direktorium: - Präsident, Vize-Präsident, 4 weitere - Durchführung der Geldpolitik - Weisungen an NZB	**Board of Govenors:** - Präsident, Vizepräsident, 5 weitere - Festlegung der Mindestreserve
Ziele	- **Preisniveaustabilität** (Anstieg des HVPI möglichst unter 2% halten)	- Hoher **Beschäftigungsstand** - Stabile **Preise** - Moderate langfristige **Zinsen**
Aufgaben	- Festlegung der **Geldpolitik** - Verwaltung der offiziellen **Währungsreserven** - Devisenmarktinterventionen - Emittieren der **Banknoten** - Sammlung statistischer Daten	- Festlegung der **Geldpolitik** - Verwaltung der offiziellen **Währungsreserven** - Devisenmarktinterventionen - Emittieren der **Banknoten** - Sammlung statistischer Daten
Unabhängigkeit		
Rechtliche Basis **Personelle U** **Institutionelle U**	- **Stark** → Vertrag von Maastricht - Direktorium - **Keine Weisungen**	- **Schwach** → einfaches Gesetz - Governors - Zustimmung des Präsidenten nötig → Rechenschaft gegenüber Kongress
Instrumentelle U	- Freie Instrumentenwahl	- Freie Instrumentenwahl
Finanzielle U **Transparenz**	- Eigener Haushalt - Klar definiertes **Ziel** - Bekanntgabe der Strategie (2 Säulen) - Veröffentlichungen	- Eigener Haushalt - **Mehrere Ziele** ohne klare Rangordnung - Keine vorgegebene Strategie - Veröffentlichungen

Regelgebundene (EZB) vs. Diskretionäre (Fed) Geldpolitik

- o **Dirskretionäre** Geldpolitik: Durchführung der Geldpolitik mit großen Entscheidungsspielraum
- o **Regelgebundene** Geldpolitik: Handlungsvorschriften sind gesetzlich fixiert

Regelgebundene Geldpolitik (EZB)	Diskretionäre Geldpolitik (Fed)
Keine Zeitinkonsistenzen	Zeitinkonsistenzen
Glaubwürdigkeit	**????**
Vorhersehbar	**Undurchsichtig**
Rechtfertigung bei Zielabweichung	Rechtfertigung für Maßnahmen
Unflexibel	**Flexibel**

- o **Fazit**:
  - ▪ **EZB unabhängiger als Fed**, deshalb EZB wohl etwas stärker
  - ▪ Fed Präsident muss sich vor Kongress behaupten und trifft sich mit Finanzminister →
    nicht ganz unabhängig!
  - ▪ USA homogener als EU und flexibler (z.b. Arbeitsmarkt: „Hire and Fire")

Pro und Contra: Sollte die EZB mehr Staatsanleihen kaufen, im Hinblick auf Krisenstaaten:
- o **Pro**:
  - ▪ In Krisenzeiten: Nur Geldbasiserhöhung, nicht aber Geldmenge
  - ▪ Rettungsschirm bietet nur begrenzt Liquidität
  - ▪ Gefahr der Blockade des Rettungsschirms (Vetorecht jedes Staates)
- o **Contra**:
  - ▪ Ausfallrisiko wird vom Steuerzahler getragen
  - ▪ Inflation
  - ▪ Klassischer Moral Hazard
  - ▪ EZB verliert politische Unabhängigkeit

Offenmarktgeschäfte der EZB:

Offenmarktgeschäfte	Bereit- stellung	Abschöp- fung	Laufzeit	Rhythmus
Hauptrefinanzierungs- geschäfte	+		1 Woche	Jeden Donnerstag
Langfristige Refinan- zierungsgeschäfte	+		3 Monate	Letzten Mittwoch im Monat
Feinsteuerungsoptionen	+	+	Nicht standardisiert	Unregelmäßig
Strukturelle Operatio- nen	+	+	Standardisiert & unstandardisiert	Regelmäßig & unregelmä- ßig

Offenmarktgeschäfte	Liquiditätsbereitstellung	Liquiditätsabschöpfung	Verfahren
Hauptrefinanzierungsfazilität	Befristete Transaktionen		Standardtender
Langfristige Refinanzie- rungsgeschäfte	Befristete Transaktionen		Standardtender
Feinsteuerungsoptionen	Befristete Transaktionen Devisenswaps Endgültige Käufe	Befristete Transaktionen Devisenswaps Termineinlagen Endgültige Verkäufe	Schnelltender Bilaterale Ge- schäfte
Strukturelle Operationen	Befristete Transaktionen Endgültige Käufe	Emission von Schuldver- schreibungen Endgültige Verkäufe	Standardtender Bilaterale Ge- schäfte

Mengentender vs. Zinstender:

	Mengentender	Zinstender
Ankündigung im Wirtschaftsdienst	- Zinssatz festgelegt - Beabsichtigte Zuteilungsmenge	- Zins nicht festgelegt - Beabsichtige Zuteilungsmenge
Abgabe der Gebote	- Betrag-Angabe	- Maximal 10 verschiedene Gebote - Betrag- und Zins-Angabe
Zuteilung der Gebote	Übersteigt das Bietungsaufkommen den Zuteilungsbetrag, so werden Beträge anteilig zugeteilt	Liquiditätszuführend: Zinssatzgebote werden in absteigender Reihe verteilt Liquiditätsabschöpfend: umgekehrt (aufsteigende Reihenfolge; Beginn bei niedrigstem Zins)
Mengentender zwar besser, reicht aber nicht aus → Warum	Zuerst wurden Hauptrefinanzierungsgeschäfte nur als Mengentender durchgeführt. Problem: massive Überbietungen → Zuteilungsquote sehr gering → kleine Banken kamen zu kurz	Wurden eingeführt, um Geschäftspartner zu vorsichtigerem Bietungsverhalten zu veranlassen. Mindestbietungssatz gibt hier den geldpolitischen Kurs an.

- o Von 1999 bis 06/2000: Mengentender (15% → 1%)
- o Von 07/2000 bis 09/2008: Zinstender (eigentlich nur amerikanisches Modell)
- o 09/2008 bis heute: Mengentender (besser kontrollierbar)

Ständige Fazilitäten:

- o **Spitzenrefinanzierungsfazilität**: Zinssatz zu dem Banken sich Geld von der EZB **über Nacht** leihen können. Er ist deutlich höher als der Leitzins. Banken können sich hierbei soviel leihen wie sie wollen bzw. stämmen können (**Zurzeit: 1,75%**)
- o **Einlagenfazilität**: Zinssatz zu dem Banken Geld bei der EZB **anlegen** können. Deutlich unter dem Hauptrefinanzierungszinssatz, dadurch eigentlich nicht lohnenswert (**Zurzeit: 0,25%**)
- o **Hauptrefinanzierungsfazilität** (=Leitzins): Zinssatz zu dem Banken sich langfristig Geld von der EZB leihen können (**Zurzeit: 1%**)

- **Mindestreserve**: Als Mindestreserve-(soll) werden die Pflichteinlagen bezeichnet die die Mindestreservepflichtigen GB auf ihre reservepflichtigen Verbindlichkeiten beim Eurosystem halten müssen. Mindestreservepflichtig sind Institute, die das Kreditgeschäft und das Einlagengeschäft mit Jedermann betreiben:

- o Der **Mindestreservesatz** liegt zurzeit bei **2%**

- o **Durchschnittserfüllung**: Die Erfüllung bemisst sich nach den durchschnittlichen Kalendertagesendguthaben auf den Mindestreservekonten innerhalb einer Erfüllungsperiode, d.h. GB können den MR-Satz über- oder unterfüllen, es muss im Durchschnitt der Tage jedoch stimmen

- **Wechselkurs und Wechselkursregime:**
  - o **Wechselkurs**: Austauschverhältnis zweier Währungen auf dem Devisenmarkt
  - o **Währungsregime**: System, nachdem sich der Wechselkurs bildet.
  - o **Preisnotierung**: gibt den Preis einer Einheit ausländischer Währung in Einheiten der inländischen Währung an. (Bsp. €/$ → 1$ = 0,79€)
  - o **Mengennotierung**: gibt den Preis einer Einheit der inländischen Währung in Einheiten der ausländischen Währung an ($/€ → 1€ = 1,28$)

Flexibler vs. Fixer Wechselkurs:

Regimetyp	Besonderheiten	Beispiel	Spezifische Vorteile
Fixer Wechselkurs zu Währungskorb	Fester Kurs zu einem Währungskorb, den die ZB durch Interventionen sichert		Sinnvoll bei Abhängigkeit von mehreren großen Handelspartnern
Fixer Wechselkurs zu Ankerwährung	Fixierter Kurs zu einer anderen Währung, den die ZB durch Interventionen sichert	China am US-$	Sinnvoll bei Abhängigkeit von einem großen Handelspartner
Currency Board	Institutionalisierte Kopplung mit fester Deckung	Argentinien von 1991 bis 2002	Schafft Vertrauen durch Institutionalisierung
Währungsunion	Mind. 2 Länder schaffen eine neue gemeinsame Währung	Eurozone	
Fremdwährung	Übernahme einer fremden Währung	Ecuador seit 2000 →US-$	
Crawling Peg	Fester Kurs, regelmäßige und angekündigte Ab-/Aufwertungen	Polen von 1991 bis 2000	Vertrauen, Vermeidung von Überbewertung durch Inflation
Adjusted Peg	Fester Kurs, unregelmäßige angekündigte Ab-/Aufwertung		
Bandbreite	Fixierter Kurs mit Schwankungsbreite	Bretton Woods, EWS	Übergangslösung bei Wechsel von flexiblen zu festen WK
Dirty Floating	Offiziell freier Kurs, unangekündigte Interventionen zur Erreichung eines Zielkurses	Zahlreiche südostasiatische Länder	Es muss keine offizieller Kurs verteidigt werden, deswegen weniger anfällig für Schocks und Spekulationen
Flexibler Kurs	Nur durch privates Angebot und Nachfrage bestimmt	$-€-Kurs	

	Flexibler Wechselkurs	Fester Wechselkurs

Vorteile	- **Geldpolitische Autonomie**
	- **Spekulationen stabilisiert**
	  die Wechselkursentwick-
	  lung
	- Keine Fehlbewertungen
		- Keine Transaktionskosten
		- **Sicherheit für Anleger**

Nachteile	- **Volatilität**
	- Transaktionskosten
		- **Keine autonome Geldpolitik**
		- Destabilisierende Spekulation
		  möglich → quasi risikolose Spe-
		  kulationsgewinne

- **Die Europäische Wirtschafts- und Währungsunion:**
  - o **Vorteil: Währungsrisiken** aufgrund von Wechselkursschwankungen werden **eliminiert**, was der Wirtschaft in Form von niedrigen Transaktionskosten zu Gute kommt.
  - o **Nachteil:** Währungsunionen **schaffen** die Möglichkeit **flexibler Wechselkurse ab**. Dadurch kann ein Ausgleich nur noch über Bewegungen der Produktionsfaktoren (flexible Arbeitsplätze und flexibles Kapital) erfolgen

Die Zahlungsbilanz:

Unter der Zahlungsbilanz eines Landes versteht man eine nach bestimmten Kriterien gegliederte Aufzeichnung der wirtschaftlichen Vorgänge, die in einer Periode zwischen Inländern bzw. Ausländern stattgefunden haben.

  - o Sie gibt **Auskunft** über:
    - ▪ Den Grad der **internationalen Verflechtungen** eines Landes mit anderen Staaten → Waren-, Dienstleistungs-, Einkommens- und Kapitalverkehrsströme
    - ▪ Die Zeitliche Entwicklung und Strukturumwandlung der internationalen Transaktionen
    - ▪ Die Entwicklung der **internationalen Zahlungsfähigkeit** eines Landes
    - ▪ **Angebot** und **Nachfrage** nach der **Währung** eines Landes bzw. Währungsgebiets
  - o Verbucht werden:
    - ▪ Transaktionen für Waren- und Dienstleistungsimporte bzw. –Exporte, sowie Transaktionen für Faktorleistungen (= Löhne, Gehälter, Zinsen und Wertpapiere) und Transfers
    - ▪ Zahlungen im Rahmen des kurz- und langfristigen Kapitalverkehrs
  - o Zahlungsbilanz ist immer ausgeglichen → **doppelte Buchführung**
  - o Zahlungseingänge werden auf Aktivseite (Credit) verbucht → diese Transaktionen verschaffen den Inländern Verfügungsgewalt über ausländische Kaufkraft
  - o Zahlungsausgänge werden auf Passivseite (Debet) verbucht → diese zeigen an, in welcher Weise die Ausländer über inländische Kaufkraft verfügen
  - o Besteht aus: **Leistungsbilanz**, Bilanz der **Vermögensübertragungen**, **Kapitalbilanz** i.e.S. **Devisenbilanz, Restposten**

Leistungsbilanz:

  - o **Handelsbilanz**: Im- und Export von Gütern

- o **Dienstleistungsbilanz:** Transport, Reiseverkehr, Versicherungs- und Finanzdienstleistungen, Nutzung von Patenten
- o Bilanz der Erwerbs- und Vermögenseinkommen: Lohneinkommen, Gewinn- und Zinseinkommen
- o **Bilanz der laufenden Übertragungen:** öffentliche und private Transfers

Bilanz der Vermögensübertragungen:
- o Einseitige Übertragung von Vermögensgütern und deren unentgeltliche Finanzierung
- o Erlass von Schulden

Kapitalbilanz i.e.S.:
- o **Direktinvestitionen:** Beteiligungen in Form von Aktien oder anderen Kapitalanleihen
- o Wertpapieranlagen: Aktien, Renten, Geldmarktpapiere, Investmentzertifikate
- o Kreditgewährung: Darlehen, Bankguthaben
- o Sonstige Kapitalanlagen

Devisenbilanz:
- o Goldbestände, Devisenbestände, Sonderziehungsrechte und andere Forderungen gegen IMF und EZB

Restposten:
- o Saldo der statistisch nicht aufgliederbaren Transaktionen

Zinsparitätentheorie:

- o Theorie beschreibt den Zusammenhang zwischen Wechselkurs zweier Währungen und den Ertragsraten in- und ausländischer Zinstitel
- o Entscheidungen der Kapitalanleger bestimmen kurzfristig den Wechselkurs wk
- o Annahmen:
  - In- und ausländische Kapitalanlagen sind vollkommene Substitute
  - Internationaler Kapitalmarkt ist vollkommen und es existieren keine Kapitalverkehrskontrollen
  - Marktteilnehmer haben identische Erwartungen hinsichtlich der Wechselkursentwicklung
  - Marktteilnehmer sind risikoneutral
- o Devisen werden gehandelt:
  - Auf Kassamärkten (wk)
  - Auf Terminmärkten (wk_T)
- o Vergleich einer inländischen Anlage mit einer ausländischen Anlage:
  - Sicherer Ertrag in Inlandswährung:
    - ➔ $R = x(1+r)$
  - Zinsbringender Titel im Ausland mit Wechselkursrisiko:

➔ $R_A = x \, \frac{1}{wk} \, (1 + r_A) \, wk_e$ (wk_e = erwarteter WK ➔ Wechselkursrisiko

- Annahme bei risikoneutralen Anlegern:
  ➔ $R = R_A$ ➔ $1 + r = = \frac{1}{wk}(1 + r_A) \, wk_e$ ➔ $wk = \frac{1+ra}{1+r} \, wk_e$
  - o Gedeckte Zinsparität: Währungsrisiko lässt sich durch Inanspruchnahme des Terminmarktes reduzieren bzw. eliminieren ➔ Wechselkursrisiko wird somit ausgeschaltet:
    - $1 + r = = \frac{1}{wk}(1 + r_A) \, wk_T$ ➔ Annahmen: $wk_T = wk$, $R < R_A$:
      ➔ Umtausch von € in $ vorteilhaft
      ➔ $wk\nearrow$ (weil $ mehr nachgefragt wird als €) ➔ Abwertung €
      ➔ $wk_T\searrow$ (weil höheres Angebot nach $) ➔ $-Abwertung
      ➔ $1 + r = = \frac{1}{wk\nearrow}(1 + r_A) \, wk_T\searrow$ ➔ Renditen im In- und Ausland bleiben gleich, da $R < R_A$, wird der rechte Term kleiner und die Zinsparität ist wieder hergestellt

Kaufkraftparitätentheorie:

- o Absolute Kaufkraftparität: Höhe und Änderung des Wechselkurses werden durch die Preisniveaus der am Handel beteiligten Länder erklärt
  - Annahmen:
    ➔ Alle Güter im In- und Ausland sind homogen
    ➔ Alle Güter, die im In- und Ausland produziert wurden, werden international gehandelt
    ➔ Keine Transportkosten, keine tarifären und nicht-tarifären Handelshemmnisse
    ➔ Gesetz der einheitlichen Preise, sonst Arbitragegeschäfte
  - KKP ist erfüllt, wenn in beiden Ländern für einen bestimmten Geldbetrag die gleiche Gütermenge erworben werden kann
    ➔ $P = P_A \times wk$ ➔ $wk = P/P_A$
  - Kritik und Schwächen an der absoluten KKP:
    ➔ Preisindex (Gewichtung und Zusammensetzung)
    ➔ Law of one price ist verletzt ➔ Bsp. In GER VW Passat 38% teuer als in GRE
    ➔ Flexible und feste Wechselkurse
    ➔ Handelbare und nicht-handelbare Güter ➔ Güter mit hohen Transportkosten, Dienstleistungen
    ➔ Handelshemmnisse, Transaktionskosten
- o Relative Kaufkraftparität: Schwächere Konzept betrachtet die Veränderungen in der Zeit
  - Wachstumsrate des Wechselkurses $wk_t - wk_{t-1}$ entspricht der Inflationsdifferenz der betrachteten Länder: $(wk_T - wk_{T-1}) \times wk_{T-1} = \Pi_{\$,t} - \Pi_{€,t}$
  - Kritik:
    ➔ Existenz von Handelsschranken und Transportkosten
    ➔ Keine vollkommene Konkurrenz auf den Gütermärkten
    ➔ Probleme in der Messung des Preisindex

Dornbusch-Modell:

Wechselkurse überschießen relativ zu ihrem langfristigen Gleichgewicht

- o **Annahmen:**
  - Zinsparität muss kurzfristig erfüllt sein: $r_i = r_a + (wk_e - wk) / wk$
    - → Geldmarktgleichgewicht
    - → Erhöhung der Geldmenge senkt die nationalen Zinsen und führt zu einer Abwertung der nationalen Währung (ZP)
  - Kaufkraftparität muss langfristig gelten: $P = P_A \times wk$ → $wk = P/P_A$
    - → Preisniveauänderung
    - → Reales Geldangebot wieder auf ursprünglichem Niveau
    - → Abwertung der inländischen Währung (KKP)
  - Agenten sind immer perfekt informiert
- o **Kurzfristanalyse:**
  - **Kurzfristig** ist das **Preisniveau konstant**, die Erwartungen gegeben
  - Geldmarktgleichgewicht
  - Erhöhung der nationalen Geldmenge senkt die nationalen Zinsen und führt zu einer **Abwertung** der nationalen Währung (**ZP**)
- o **Langfristanalyse:**
  - **Langfristig** ist das **Preisniveau variabel**, die Wechselkurserwartungen sind endogen
  - Preisniveauänderungen
  - Reales Geldangebot wieder auf ursprünglichem Niveau
  - **Abwertung** der inländischen Währung (**KKP**)
- o → Wirtschaftssubjekte erwarten nun eine **Abwertung** der nationalen Währung (aus ZP und KKP)
  - Ausländische Anlagen werden dadurch attraktiver
  - → durch die veränderten Erwartungen ergibt sich **kurzfristig ein noch stärkerer Effekt** auf den Wechselkurs → **Überschießen**
    - → Der Wechselkurs reagiert kurzfristig stärker als langfristig, da kurzfristig die Preise starr sind, wird der Geldmarkt über den Zinssatz ins Gleichgewicht gebracht.
    - → **Da der inländische Zinssatz r_i sinkt, muss wegen der geltenden ZP die inländische Währung abgewertet werden** ($r_i = r_a + (wk_e - wk) / wk$)
- o **Fall A:** Preise passen sich schnell (sofort) an
  - Ausgangspunkt: Expansive Geldpolitik M↗
  - $r_i = r_a + (wk_e - wk) / wk$
  - Auf r – wk – Schaubild bei senkrechten langfristigen Gleichgewicht und sinkender ZP-Gerade ist Schnittpunkt A das langfristige und kurzfristige Gleichgewicht → M↗
    - → ZP-Gerade Rechtsverschiebung
  - → Abwertung der inländischen Währung
- o **Fall B:** Preise passen sich langsam an
  - Ausgangspunkt: Expansive Geldpolitik M↗ → r↘ → Linksverschiebung der senkrechten LG-Gerade → wk↗
  - Nun wieder langsame Anpassung → Verschiebung der ZP-Gerade nach rechts: r↗ auf ursprüngliches Niveau; wk↘ leicht, aber über Ausgangsniveau

- $p = p_A \times wk_e$
- $r_i < r_a + (wk_e - wk) / wk$
  - → wk muss kurzfristig überschießen, damit Parität gegeben bleibt
  - → dann aber wieder Senkung in LG_2 und Punkt C

Mundell-Fleming-Ansatz:

- o **Annahmen**:
  - Konstantes Preisniveau im In- und Ausland
  - Beschränkung auf den Fall eines kleinen Landes
  - Ausland ist eine Einheit (Rest der Welt)
  - Devisen-, Güter- und Geldmarkt werden betrachtet
  - Devisenmarkt wird beeinflusst von:
    - → Internationalen Güterströmen
    - → Internationalen Kapitalbewegungen
  - Wechselkursänderungen werden bei den Überlegungen berücksichtigt
- o **Gütermarkt**:
  - Nachfrage: $Y_d = C(Y) + I(r) + G + Ex\,(Y_a, wk) - Im\,(Y, wk)$
  - **Außenbeitrag** Ex – Im wird als **NX** bezeichnet und wann verändert sich dieser:
    - → Bei **Wechselkursänderungen**
    - → Bei Änderungen des **Inlandseinkommens**
    - → Bei Änderungen des **Auslandseinkommens**
  - IS-Kurve: Rechtsverschiebung bei: wk↘, G↗, Y_a↗
- o **Geldmarkt**:
  - LM-Kurve: Rechtsverschiebung bei: M↗
- o **Devisenmarkt**:
  - **Annahme**: Es existiert **nur eine ausländische Währung** und nur ein Devisenmarkt
  - Marktteilnehmer: Exporteure, Importeure, Kapitalanleger und Zentralbank
  - **Devisenangebot** ergibt sich aus dem Wert der **Güterexporte** und der **Kapitalimporte** → Ex + Kap.Imp
  - **Devisennachfrage** ergibt sich aus dem Wert der **Güterimporte** und der **Kapitalexporte** → Im + Kap.Ex
  - Saldo der **Devisenbilanz Z** = NX (wk, Y,Y_a) + NFI (r, r_a):
    - → **Außenbeitrag** NX = Güterexporte – Güterimporte
    - → **Nettokapitalimporte** NFI = Kapitalimporte – Kapitalexporte
  - Außenwirtschaftliches Gleichgewicht besteht nur dann, wenn die Devisenbilanz ausgeglichen ist (Z = 0) → Z-Kurve bildet dieses Gleichgewicht ab: Ex
    - → **Z-Kurve** im Y – r – Schaubild mit positiver Steigung:
      - o **Rechtsverschiebung** bei: wk↘, Y_a↗
      - o **Linksverschiebung** bei: r_a↗
      - o Z-Kurve umso **flacher**, je **zinsabhängiger** die internationalen **Kapitalbewegungen** sind

→ **Z-Kurve** stellt alle Kombinationen von Inlandszins r und Sozialprodukt Y dar, die mit einer **ausgeglichenen Devisenbilanz** vereinbar sind. Sie markiert das externe Gleichgewicht

→ Punkte **oberhalb** bzw. links der Z-Kurve stellen ein **Devisenbilanzüberschuss** dar

→ Punkte **unterhalb** bzw. rechts der Z-Kurve stellen ein **Devisenbilanzdefizit** dar

→ Steigung der Kurve wird von Zinselastizitäten der internationalen Kapitalbewegungen bestimmt

→ **Erhöhung** der Lageparameter **wk** (Preisnotierung) und Y_a verschieben die Z-Kurve nach **rechts** unten

→ **Erhöhung** des Lageparameters r_a verschiebt die Z-Kurve nach **links** oben

Mundell-Fleming-Modell:

Das vollständige Gleichgewicht im M-F-Modell ist erreicht, wenn sich alle drei Märkte im Gleichgewicht befinden:

- **Gütermarkt:** $Y_d = C(Y) + I(r) + G + Ex (Y_a, wk) - Im (Y, wk)$
- **Geldmarkt:** $M/P = L (Y, r)$
- **Devisenmarkt:** $Z = NX (wk, Y, Y_a) + NFI (r, r_a)$

- Gleichgewichte:
  - **Außenwirtschaftliches Gleichgewicht**: entlang der **Z-Kurve**
  - **Binnenwirtschaftliches Gleichgewicht**: im **Schnittpunkt** von **IS-** und **LM-Kurve**
  - **Gesamtwirtschaftliches Gleichgewicht**: im **Schnittpunkt** von **IS-,LM-** und **Z-Kurve**
- **Fall 1**: Die Z-Kurve liegt über dem Schnittpunkt von IS- und LM-Kurve → **Devisenbilanzdefizit**
- **Fall 2**: Die Z-Kurve liegt im Schnittpunkt von IS- und LM-Kurve → **gesamtwirtschaftliches Gleichgewicht**
- **Fall 3**: Die Z-Kurve liegt unter dem Schnittpunkt von IS- und LM-Kurve → **Devisenbilanzüberschuss**

M-F-Modell bei festen Wechselkursen mit Neutralisierungspolitik:

- **Neutralisierungspolitik**: Auswirkungen von Devisenbilanzdefiziten oder –Überschüssen auf die Geldmengenentwicklung werden neutralisiert
- Erklärung: Die **Geldbasis B** einer offenen Volkswirtschaft setzt sich aus dem **Nettoauslandsforderungen** (= **Währungsreserven R**) und **heimischen Komponenten H** zusammen
  - B = R + H
  - M = m x (R + H)
- Sobald eine Zentralbank am Devisenmarkt agiert, verändert sich auch die inländische Geldmenge

- o Bei Verpflichtung zur Verteidigung fixer Wechselkurse kann die Kontrolle über die heimische Geldmenge gefährdet sein
- o **Devisenbilanzüberschuss:**
  - Mehr \$ auf Devisenmarkt → Aufwertung €
  - Zentralbank kauft \$ gegen € auf → inländische Geldmenge $M_\epsilon \nearrow$
- o **Devisenbilanzdefizit:**
  - Zu wenig \$ auf Devisenmarkt → Abwertung €
  - Zentralbank verkauft \$ gegen € → inländische Geldmenge $M_\epsilon \searrow$
- o Bei festen Wechselkursen wird das Gleichgewicht auf dem Geld- und Gütermarkt bei Devisenzu- und abflüssen nur dann nicht gestört, wenn es der Zentralbank gelingt die Auswirkungen von Devisenbewegungen auf das Geldangebot zu neutralisieren, z.b. durch den **Verkauf von inländischen Schuldverschreibungen.**

M-F-Modell bei festen Wechselkursen ohne Neutralisierungspolitik:

- o Zentralbank lässt zu, dass **Devisenbilanzüberschusse** die heimische Geldmenge M_ϵ **erhöhen** bzw. **Devisenbilanzdefizite** die Geldmenge M_ϵ **verringern**
- o Änderung des Geldangebots M führen zu einer **Verschiebung** der **LM-Kurve**
- o Ein **langfristiges Gleichgewicht** ist erreicht, wenn der **Schnittpunkt** der **IS-** und **LM-Kurve** auf der **Z-Kurve** liegt
- o In einem System fester Wechselkurse werden bei fehlender Neutralisierungspolitik auf Dauer Ungleichgewichte in der Devisenbilanz auch ohne gezielte wirtschaftspolitische Maßnahmen beseitigt.

M-F-Modell bei flexiblen Wechselkursen:

- o **Ausgleich** zwischen **Devisenangebot** und **Devisennachfrage** über **Wechselkursänderungen**
- o Zahlungsbilanz ist ausgeglichen → Saldo der **Zahlungsbilanz Z = 0**
- o Völlig freie Wechselkurse bewirken einen ständigen Ausgleich der Devisenbilanz. Die dazu erforderlichen Anpassungsvorgänge beschränken sich nicht auf Wechselkursänderungen, sondern schließen auch Einkommens- und Zinsänderungen ein.

M-F-Modell mit festen Wechselkursen wk-Dach und mit Neutralisierungspolitik M-Dach:

- - Interventionen:
  - o Interventionen der Zentralbank auf dem Devisenmarkt: Saldo der Zahlungsbilanz Z entspricht der Veränderung der Währungsreserven ΔR
  - o Devisenbilanzüberschuss Z > 0: Zentralbank kauft Devisen in Höhe von Z = ΔR (Kauf von \$ gegen €)
  - o Devisenbilanzdefizit Z < 0: Zentralbank verkauft Devisen in Höhe von Z = ΔR (Verkauf von \$ gegen €)
- - Neutralisierungspolitik:
  - o Auswirkungen von Devisenbilanzdefiziten oder –Überschüssen auf die Geldmengenentwicklung werden neutralisiert

- o Das durch den Devisenkauf geschaffene Geld wird wieder abgeschöpft. Bspw.

  $B = R \nearrow + H \searrow$
- o Das durch den Devisenverkauf vernichtete Geld wird wieder geschaffen. Bspw.

  $B = R \searrow + H \nearrow$
- Z-Kurve liegt über dem Schnittpunkt der IS-LM-Kurven im Y-r-Schaubild:
  - o Zentralbank kauft Schuldverschreibungen auf → nichts passiert (Quasi-Gleichgewicht) durch Neutralisierungspolitik. Geht gut solang die Zentralbank noch Devisen besitzt.

M-F-Modell mit festen Wechselkursen wk-Dach ohne Neutralisierungspolitik M

- Auswirkungen auf Geldmengenentwicklung:
  - o das durch den Devisenverkauf vernichtete Geld verringert die Geldmenge
  - o das durch den Devisenkauf geschaffene Geld erhöht die Geldmenge
  - o Änderung des Geldangebots M → Verschiebung der LM-Kurve
  - o Langfristiges Gleichgewicht erreicht, wenn Schnittpunkt der IS-LM-Kurven auf Z liegt
- Z-Kurve liegt über dem Schnittpunkt der IS-LM-Kurven im Y-r-Schaubild:
  - o Devisenverkauf, da Geldmenge M$\searrow$ → Verschiebung der LM-Kurve nach links
  - o → r$\nearrow$ → I$\searrow$ → Y$_d\searrow$ → Y$\searrow$
  - o da r$\nearrow$ → Nettokap.Imp (NKImp) $\nearrow$ → Imp$\searrow$ → Devisen$\nearrow$ → Gleichgewicht Z = 0

M-F-Modell mit flexiblen Wechselkursen wk:

- Ausgleich zwischen Devisenangebot und Devisennachfrage über Wechselkursänderungen. Die Zahlungsbilanz ist ausgeglichen. Der Saldo der Zahlungsbilanz Z = 0
- Z-Kurve liegt über dem Schnittpunkt der IS-LM-Kurven im Y-r-Schaubild:
  - o Z < 0 → Anpassung über Wechselkurs wk$\searrow$
  - o Ex$\nearrow$ und Im$\searrow$ → IS-Kurve nach rechts und Z auch nach rechts → Z = 0
  - o LM-Kurve bleibt unverändert: Y$\nearrow$ → L (Y, r)$\nearrow$ → r$\nearrow$

Stabilisierungspolitik bei konstantem Preisniveau:

- Expansive Geldpolitik bei festen Wechselkursen
  - o Ausgangssituation: Schnittpunkt von IS-LM und Z-Kurve → gesamtwirtschaftliches Gleichgewicht; Z flacher als LM
  - o Annahme: Expansive Geldpolitik
  - o mit Neutralisierungspolitik:
    - ▪ Verschiebung der LM-Kurve nach rechts wegen M$\nearrow$
  - o ohne Neutralisierungspolitik:
    - ▪ Rückverschiebung bzw. es geschieht nichts → Ausgangssituation
  - o → Expansive Geldpolitik hat bei festen Wechselkursen kein Effekt
- Expansive Geldpolitik bei flexiblen Wechselkursen
  - o Ausgangssituation: Schnittpunkt von IS-LM und Z-Kurve → gesamtwirtschaftliches Gleichgewicht; Z flacher als LM
  - o Annahme: Expansive Geldpolitik
  - o Verschiebung der LM-Kurve nach rechts wegen M$\nearrow$
  - o wk$\searrow$ → Ex$\nearrow$ → Im$\searrow$ → Verschiebung der IS- als auch der Z-Kurve nach rechts → GG

Verschiedene Währungssysteme und Fiskalpolitik

- Expansive Fiskalpolitik bei festen Wechselkursen und hoher Zinsreagibilität

- o Ausgangssituation Punkt A: Schnittpunkt von IS-LM und Z-Kurve → gesamtwirtschaftliches Gleichgewicht; Z flaches als LM
- o Annahme: Expansive Fiskalpolitik
- o Verschiebung der IS-Kurve nach rechts wegen G↗ → Devisenbilanzüberschuss, da neuer Schnittpunkt B mit LM-Kurve über Z-Kurve → Zentralbank kauft $ gegen € um M↗ → Rechtsverschiebung der LM-Kurve und Gesamtwirtschaftliches Gleichgewicht ist in C wieder erreicht (ohne Neutralisierungspolitik)
- o Mit Neutralisierungspolitik bleibt man in Punkt B
- Expansive Fiskalpolitik bei festen Wechselkursen und niedriger Zinsreagibilität
- o Ausgangssituation Punkt A: Schnittpunkt von IS-LM und Z-Kurve → gesamtwirtschaftliches Gleichgewicht; Z steiler als LM
- o Annahme: Expansive Fiskalpolitik
- o Verschiebung der IS-Kurve nach rechts wegen G↗ → Devisenbilanzdefizit, da neuer Schnittpunkt B mit LM-Kurve unter Z-Kurve liegt → Zentralbank kauft € gegen $ damit M↘ → Rechtsverschiebung der LM-Kurve und Gesamtwirtschaftliches Gleichgewicht ist in C wieder erreicht (ohne Neutralisierungspolitik)
- o Mit Neutralisierungspolitik bleibt man in Punkt B
- Expansive Fiskalpolitik bei flexiblen Wechselkursen und hoher Zinsreagibilität
- o Ausgangssituation Punkt A: Schnittpunkt von IS-LM und Z-Kurve → gesamtwirtschaftliches Gleichgewicht; Z flacher als LM
- o Annahme: Expansive Fiskalpolitik
- o Verschiebung der IS-Kurve nach rechts wegen G↗ → r↗ → Y↗ → wk↗ → Devisenbilanzüberschuss
- o wk↗ → Im↗ → Ex↘ → NX↘
- o Gesunkene Leistungsbilanz → IS-Kurve wieder nach links und Z ebenfalls nach links durch wk↗
- Expansive Fiskalpolitik bei flexiblen Wechselkursen und niedriger Zinsreagibilität
- o Ausgangssituation Punkt A: Schnittpunkt von IS-LM und Z-Kurve → gesamtwirtschaftliches Gleichgewicht; Z steiler als LM
- o Annahme: Expansive Fiskalpolitik
- o Verschiebung der IS-Kurve nach rechts wegen G↗ → Schnitt mit LM-Kurve unter Z-Kurve in B → Devisenbilanzdefizit → wk↘
- o Ex↗ → Im↘ → NX↗ → weitere Rechts-Verschiebung von IS und Z

Zusammenhänge:

- Abhängigkeiten:

33

- o Export = Ex (p/p$_a$, wk \$/€, Y$_a$) → Export steigt bei: p/p$_a$↘, wk \$/€ ↘, Y$_a$↗
- o Import = Im (p/p$_a$, wk \$/€, Y$_a$) → Import steigt bei: p/p$_a$↗, wk \$/€ ↗, Y$_a$↗
- Reale und nominale Reaktionen der Zahlungsbilanz:
  - o Y↗ → Im↗ → Ex gleich → LBÜ↘ → Abnahme Währungsreserven → Abwertung €
  - o Y$_a$↗ → Ex↗ → Im gleich → LBÜ↗ → Zunahme Währungsreserven → Aufwertung €
  - o p↗ → Im↗ → Ex↘ → LBÜ? → keine klare Tendenz
  - o p$_a$↗ → Ex↗ → Im↘ → LBÜ? → keine klare Tendenz
  - o wk \$/€↗ → Im↗ → Ex↘ → LBÜ? → keine klare Tendenz
- IS-Kurve: Gütermarktgleichgewicht abhängig von Ex, Im, p, p$_a$, wk, Y$_a$, G
  - o Reale Nachfrage: Y$_d$ = C(Y) + I(r) + G + Ex (p/p$_a$, wk \$/€, Y$_a$) - Im (p/p$_a$, wk \$/€, Y$_a$)
  - o Rechtsverschiebung bei: wk↘, G↗, Y$_a$
  - o Linksverschiebung bei: wk↗, G↘, Y$_a$
- LM-Kurve: Geldmarktgleichgewicht abhängig von M, P, r
  - o M/P = L$_d$ = (Y, r)
  - o Rechtsverschiebung bei: M↗, M/P↗, P↘
  - o Linksverschiebung bei: M↘, M/P↘, P↗
- Z-Kurve: Außenwirtschaftliches, Devisen- und Zahlungsbilanzausgleich
  - o Z = NX(wk, Y, Y$_a$) + NFI(r,r$_a$)
  - o NX = Außenbeitrag = Ex – Im
  - o NFI = Nettokapitalimporte
  - o Rechtsverschiebung bei: wk↘, Y$_a$↗
  - o Linksverschiebung bei: wk↗, r$_a$↗
  - o Alles rechts der Z-Kurve: Zahlungsbilanzdefizit, Abnahme der Währungsreserven, Abwertung des €
  - o Alles links der Z-Kurve: Zahlungsbilanzüberschuss (ZBÜ), Zunahme der Währungsreserven, Aufwertung des €
  - o $LBÜ = p€ \; x \; Ex - \frac{p\$}{wk \, \$/€} \; x \; Im$
  - o ZBÜ = LBÜ + NKImp
- Expansive Geldpolitik:
  - o M↗ → r↘ → I↗ → Y$_d$ → Y → Im↗ → LBÜ↘ → NKImp↘ → ZBÜ↘ → Abnahme Währungsreserven → Abwertung €

34